AF554809

AU PAYS

DES

BELLES-CASQUETTES

Illustrée de

21 Croquis

par A. HUMBERT

Auteur de la *Lanterne de Boquillon*

15 CENTIMES

AU BUREAU DE LA *LANTERNE DE BOQUILLON*

23, RUE RICHER, 23

PARIS

EXCURSION

AU PAYS

DES BELLES-CASQUETTES

1879

Nous étions six compagnons de voyage, dont un savant uléma de Constantinople, Méhémet-ben-Ragout, homme érudit, parlant le français comme vous et moi ; et nous partîmes de Gérardmer, petite ville des Vosges, berceau du fromage de *géromé*, nous dirigeant vers la frontière allemande, à pied, comme il convient à des gens curieux de contempler la nature. Mais que le lecteur ne s'attende pas à voir dans cet opuscule une description pompeuse du merveilleux paysage des Vosges et de l'Alsace. Nullement; et l'auteur n'a pas l'intention de semer dans ces pages des pelletées de phrases admiratives pour célébrer les cascades et les lacs, les montagnes et les sapins.

Nous dirons seulement que, dans l'immense forêt qui s'étend de Gérardmer à Münster, à quelques pas de la route, le voyageur peut voir un quartier de roche qu'on appelle *la pierre de Charlemagne.*

Mus par le désir de contempler cette pierre, où, suivant la légende, le grand empereur avait reposé son auguste

fessier, nous y courons. Est-ce une illusion, un effet de notre imagination trop surexcitée par des souvenirs carlovingiens, ou bien l'ombre de Charlemagne a-t-elle voulu condescendre à quitter pour un instant, en notre faveur, le sombre séjour des morts? Toujours est-il que nous apercevons le vieux monarque debout, s'agitant sur sa pierre. Nous nous approchons haletants.... Ce n'était pas Charlemagne, mais un vulgaire Anglais en train de changer de caleçon.

Nous reprenons notre route, et à la fin nous nous engageons tous les six dans un chemin sous bois, qu'un farceur a décoré du nom de *Chemin des Dames*, et dont le croquis ci-contre reproduit les difficultés. Après une ascension interminable à travers les sapins, où nous déployons tout ce que la nature nous a mis d'élasticité dans les jarrets, nous arrivons au sommet de *la Schlucht*, 1203 mètres au-dessus du niveau des pieds d'un fonctionnaire germain.

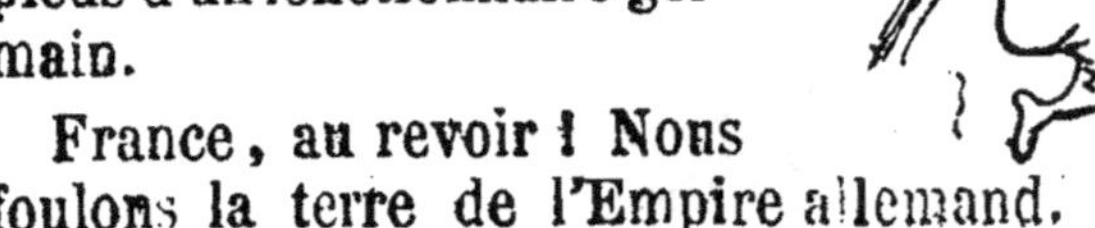

France, au revoir ! Nous foulons la terre de l'Empire allemand.

Nous sommes tous en nage ; mais notre compagnon, Méhémet-ben-Ragout, plus accoutumé à escalader les difficultés de la science qu'à grimper sur des montagnes de 1203 mètres d'altitude, est véritablement en bouillie, et il a transpiré plus de sueur qu'il n'y en a dans le corps de dix-huit diplomates.

Avec cela, il soufflait là-haut des rafales effroyables qui vous glaçaient. Heureusement il y a un chalet. Vite, un jeune Strasbourgeois, serviteur de la maison, jette deux fagots dans l'immense cheminée ; tout le monde se chauffe, et le docte uléma, donnant la liberté au pan mouillé de sa chemise, se fourre dans la cheminée avec les deux

fagots : tel un quartier de lard, à moitié drapé dans du papier, que l'on met fumer dans l'âtre.

A cet instant, des rumeurs, que nous connûmes plus tard, s'élèvent dans la vallée de Münster, au bas de la montagne; les habitants, le nez en l'air et les yeux braqués sur le sommet de la Schlucht, s'écriaient :

— La Schlucht se couvre de vapeurs, nous aurons encore de la pluie.

Ce que les habitants de la vallée prenaient pour des nuages menaçants était la vapeur qui s'échappait de la chemise de l'uléma, à travers la cheminée.

Lorsque tout le monde est sec, nous repartons, cette fois dans une petite voiture à *soufflet*, selon la pittoresque expression du jeune Strasbourgeois, qui voulait dire une *capote*, et nous descendons vers Münster, toujours à travers l'interminable forêt de sapins.

A un moment donné, la voiture s'arrête devant une maison, et nous voyons surgir d'une porte, d'abord une immense casquette, puis une énorme barbe rouge surmontant une tunique verte, un pantalon de toile et des pieds fantastiques enfermés dans des pantoufles : tout cela constituait un douanier allemand.

— *Tes quêt' sêêêcche-t-ell' apoteck iâ iâ belle gââsquett'?*

— Qu'est-ce qu'il a dit? demandons-nous à notre conducteur versé dans la langue tudesque.

— Il demande si on n'a rien à déclarer.

— *Nein*, *nein*, répondons-nous en chœur. — C'était tout ce que nous savions d'allemand.

La Belle-Casquette ouvrit de nouveau la bouche, et nous entendîmes :

— *Iâ, iâ, côlmar belle gâdsquett' zô zô.*

— Qu'est-ce qu'il réclame encore? demandons-nous au conducteur.

— Il demande si vous voulez lui payer la goutte.

— *Nein, nein*, criâmes-nous avec non moins d'ensemble que la première fois; et la voiture repartit.

Nous étions dans le pays des Belles-Casquettes.

C'est à Münster, petite ville de la Haute-Alsace, qu'il nous a été donné de contempler réellement les casquettes et la raideur des fonctionnaires allemands ; et c'est ici le cas de produire un renseignement qui a son utilité.

Les guides du voyageur et du touriste, les géographies, les manuels scientifiques sont prodigues de détails sur la hauteur des monuments de tous les pays ; on y donne l'élévation des montagnes, des édifices, des flèches de cathédrale ; mais dans aucun livre vous ne trouverez quelle est la hauteur d'une casquette allemande. Réparons cette omission : l'altitude d'une casquette de fonctionnaire allemand est de 65 centimètres au-dessus du niveau de ses lunettes.

Une nouvelle observation vint presque aussitôt s'ajouter à celle que nous avions faite tout d'abord sur l'ampleur des couvre-chefs : les gens à belles casquettes ont l'arrière-train formulé comme une paire de citrouilles.

Aussi vrai que je suis un homme vivant, et qui espère l'être encore un an ou deux, jamais, depuis le jour où j'ai quitté le sein bienfaisant de ma nourrice, je n'ai rien vu de plus imposant qu'un fonctionnaire germain sur la terre d'Alsace : avec sa belle casquette, sa tête pommadée, sa vaste pipe de porcelaine, ses pieds, sa graisse, sa raideur et son derrière extravagant, le fonctionnaire tudesque, employé du chemin de fer ou du gouvernement, constitue un monument curieux devant lequel l'étranger, désireux de s'instruire, ne saurait passer avec indifférence. L'admiration nous sortait par les yeux ; nous tournions autour des Belles-Casquettes ; Méhémet-ben-Ragout les tâtait, avec discrétion, pour voir si c'était de la viande.

Nous allions ainsi, promenant nos regards de tous côtés, prenant des notes sur toutes les nouveautés qui captivaient notre contemplation, sans nous apercevoir que nous étions suivis par un fonctionnaire, pourvu, comme tous les autres, d'une belle casquette et d'un gros derrière. Nous apprîmes après que c'était un agent de police.

Les notes qu'il nous voyait écrire sur nos carnets lui paraissaient louches, mais c'était surtout la calotte rouge de notre uléma qui l'intriguait. Il frappa sur l'épaule de Méhémet-ben-Ragout et lui dit :

— Tes guêt' sêêêche-t-ell' luterbach ia ia metternich belle gââsquett' zô zô.

— Qu'est-ce que vous voulez? retourna l'uléma.

L'autre nous fit signe de le suivre.

Nous nous rendons au désir de la Belle-Casquette, par pure curiosité, et on nous conduit dans une petite maison où une autre Belle-Casquette était assise et fumait dans une prodigieuse pipe de porcelaine. Nous devinons que nous sommes dans un poste de police, et nous ne tardons pas à comprendre également que les deux Belles-Casquettes attendent un supérieur.

Bientôt, nous sommes envahis par une odeur étrange devant laquelle chacun de nos appareils olfactifs se cabre violemment. — Il est bon de dire qu'une des principales industries de la ville consiste dans la fabrication d'un fromage appelé *fromage de Münster*, lequel dégage un parfum repoussant.

— Ça empoisonne ! s'écrie Méhémet-ben-Ragout. Il y a ici à côté une usine à fromages.

Pour mieux nous en assurer, comme la Belle-Casquette à la grande pipe nous paraissait plus sociable que son compagnon, je lui demandai :

— Dites-donc, Belle-Casquette, est-ce qu'il y a par ici un dépôt de fromages de Münster ?

L'autre sourit, retira sa grande pipe de sa bouche, et répondit en français :

— C'être bas du vromache, c'être nos pottes.

Une autre Belle-Casquette apparut, plus imposante que les deux autres, surmontant un individu plus majestueux, — c'était quelque agent supérieur.

— *Tes guêt' sêêêche-t-ell' côlmâr von dreck ia ia für frauen belle gââsquett' zô zô*, expliquèrent les deux premiers au nouvel arrivant.

— *Ia ia belle gââsquett' schpatziren*, observa la Casquette supérieure, *pûcepique apoteck zô zô.*

Ils parlaient de nous, et ils se montraient la calotte rouge de l'uléma, qui allumait tranquillement sa pipe.

Pour couper court à l'aventure, il nous vint à l'esprit d'exhiber quelques menues pièces de monnaie, que nous offrîmes en holocauste aux trois Belles-Casquettes. Cet argument, compris de tous les peuples, même les moins policés, alla droit au cœur des Belles-Casquettes, et on nous laissa partir. Au même moment passaient dans la rue des gens que nous reconnûmes de suite pour des pompiers. L'homme de police à la pipe de porcelaine était sorti avec nous.

— Tiens, des pompiers! crions-nous.

— *Ia*, *ia*, articula l'homme à la pipe, saisissant cette occasion de nous prouver que l'esprit n'est pas incompatible avec l'accent germanique ; ia, ia, pon pied, pon œil.

Puisque j'ai parlé tout à l'heure du fromage de Münster, un mot sur ce produit. Nous demandons à un habitant qu'est-ce que l'on met donc dans le fromage pour lui donner cette révoltante odeur. — Mon Dieu, nous répondit l'Alsacien, c'est depuis que nous avons ici des bottes d'Allemands.

Nous avions compris; toute autre explication eût été superflue.

Le fait est que les Belles-Casquettes font une prodigieuse consommation de bottes fortes, et si le regard du touriste est tout d'abord saisi par les vastes dimensions de la casquette, sa seconde observation est pour les bottes : le couronnement et la base de l'édifice. Pour tout dire en un mot, le fonctionnaire tudesque est un monument terminé à ses deux extrémités par un phénomène : une casquette colossale et des bottes fantasques.

Assurément, cette abondance de bottes donne une haute idée du commerce des cuirs; toutefois, en présence d'une telle consommation, le penseur se prend à rêver; un vaste champ de suppositions s'ouvre devant lui, et une question subite se dresse sur le seuil de sa pensée : il n'est pas possible que le pays fournisse assez de cuir pour un aussi gros tas de bottes; les Belles-Casquettes ne tanneraient-ils pas leurs femmes pour se servir de la peau?

A première vue, on pourrait prendre tous ces gens fortement bottés pour des cavaliers de l'armée allemande; mais, ce qui les distingue de ces derniers, c'est qu'au lieu d'éperons ils portent, adapté au talon de la botte, un petit robinet destiné à faciliter l'écoulement des liquides sudorifiques.

Un autre sujet d'étonnement non moins vaste pour l'étranger, c'est leur boursouflure extraordinaire. L'enveloppe de ces corps gonflés de bière, bondés de nourriture et de morgue, est tellement tendue, que l'étranger prudent hésite à passer à côté de ces individus massifs, dans la crainte de les voir éclater et d'être blessé par un éclat. L'étranger ne sait pas ces choses; mais, afin de prévenir tout accident, le gouvernement prévoyant les fait cercler. Cela ne se voit pas sous la tunique; ce vêtement, du reste, cache bien des choses, et même, dit-on, pas mal de linge sale.

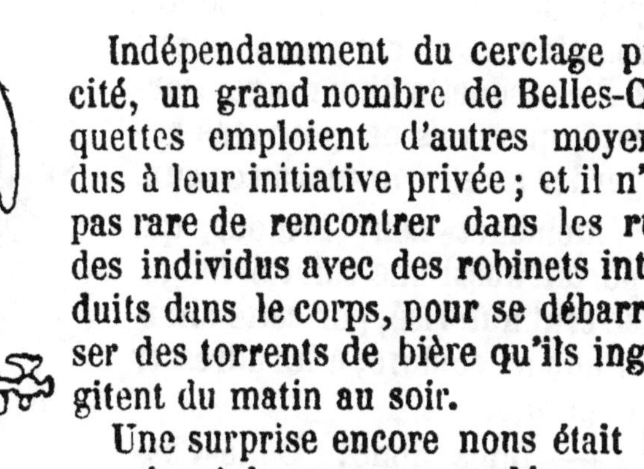

Indépendamment du cerclage précité, un grand nombre de Belles-Casquettes emploient d'autres moyens, dus à leur initiative privée; et il n'est pas rare de rencontrer dans les rues des individus avec des robinets introduits dans le corps, pour se débarrasser des torrents de bière qu'ils ingurgitent du matin au soir.

Une surprise encore nous était réservée. A la gare, nous découvrons, assis dans un fauteuil et nous tournant le dos, un personnage grave, la tête abritée sous une vaste coiffure d'un rouge éclatant. Nous nous précipitons pour considérer la face auguste de celui que nous croyons être un cardinal. Il se lève, et nous reconnaissons bien vite notre erreur ; le personnage que nous prenions pour une Éminence, à cause de sa coiffure, était un simple chef de gare. Mais que de dignité dans toute sa personne ! de quelle façon imposante il tenait sa tête rejetée en arrière ! Il y avait en lui assez de raideur pour en fournir à toute une équipe de fonctionnaires ordinaires.

Était-ce le sentiment de sa dignité qui lui donnait cette prestance ? Je serais plutôt tenté de croire qu'il tirait surtout vanité de la splendide casquette rouge qui flamboyait sur sa tête. Tout à l'heure nous l'avions pris pour un cardinal ; nous le comparions, maintenant qu'il se tenait debout, à un coq à crête rouge qui se dresse fièrement sur ses ergots ; et je n'hésite pas à trouver parfaitement naturel ce sentiment de dignité chez un fonctionnaire couronné d'une belle casquette d'un rouge écarlate, que nous ne pouvions regarder sans avoir mal aux yeux.

Méhémet-ben-Ragout, qui portait aussi une calotte rouge, se crut autorisé, par cette similitude de coiffure, à lui adresser la parole.

— Dites donc, Belle-Casquette, lui demanda-t-il, quand partira le premier train ?

Il est à remarquer que les fonctionnaires allemands comprennent parfaitement le français ; mais, à une question posée en cette langue, ils répondent toujours en allemand; tant pis pour vous si vous ne comprenez pas.

La Casquette-Rouge daigna faire descendre son regard sur nous, et laissa tomber ces paroles :

— *Apoteck tes guêt' sêêêche-t-ell' ia ia dreck belle gâåsquett' luterbach.*

Nous commencions à nous familiariser avec la langue allemande, et nous comprîmes qu'il voulait dire: On partira dans une demi-heure.

Du reste, qu'on le sache bien, quoi qu'en disent les esprits timides, effrayés par la tournure sauvage de l'allemand, cette langue est des plus faciles à saisir. Pour tout dire, la langue allemande est une farce; une douzaine de mots tout au plus, tels que *ia*, *zô*, *apoteck*, *dreck*, *belle gâåsquett'*, *tes guêt'sêêêche-t-ell'*, etc., savamment combinés et dits à propos, constituent le fonds de cet idiome.

Toute la difficulté consiste à donner à ces mots l'intonation voulue. Pour cela, vous prononcez les *a* et les *o* en y adaptant autant d'accents circonflexes que vous pourrez; vous tirez les consonnes du fond de votre nombril, en ramonant fortement le gosier; quant aux voyelles, on les exprime en ouvrant largement la bouche, comme si vous cherchiez à vous mordre le nez; efforcez-vous en même temps d'avoir l'air en colère. Tout le secret de la langue allemande est là, et toute personne qui observera ces principes pourra facilement se faire comprendre dans toute l'étendue de l'Empire germanique.

Mais ne quittons pas la tête flamboyante des chefs de

gare, sans émettre encore quelques observations, que tous ceux qui ont voyagé en Alsace auront faites comme nous. Je veux parler de l'excellent établissement des vagons allemands. Les voitures de seconde classe, particulièrement, sont au moins aussi confortables que nos vagons de première, et les places y sont beaucoup moins chères que dans nos secondes ; et, quoi qu'il en coûte à mon orgueil national, je suis obligé de déclarer que les vagons français ne supportent pas la comparaison avec les voitures allemandes.

Mais nos Compagnies de chemins de fer, conciliant les exigences de l'orgueil national avec le souci de leurs intérêts, ne manqueront pas de répondre :

— C'est justement au nom du sentiment national que nous offrons au public des voitures aussi insupportables que possible, afin qu'il ne soit pas dit que le Français recherche ses aises. Laissons le confortable aux Allemands; quant à vous, Français, voyagez dans d'atroces voitures, comme il convient à un peuple brave et fort, ennemi du luxe et du bien-être.

Et les Compagnies continueront de nous enfermer dans leurs affreuses petites boîtes où, tout en payant fort cher, on manque d'air, dans lesquelles on ne peut pas se tenir debout, et où l'on a les jambes brisées en restant assis. Après un voyage de quatre heures dans ces instruments de torture, on en sort moulu, absolument éreinté ; mais nous avons le droit de dire : Nous écrasons les Allemands par notre mépris du confort. — Fesses écorchées, mais têtes fières.

Ce serait une erreur de croire que, dans une excursion au pays des Belles-Casquettes, on peut puiser des renseignements auprès des habitants du pays. Les

Alsaciens, surveillés sans relâche par les Belles-Casquettes, sont au contraire peu expansifs, en raison de

cette surveillance, et se montrent surtout fort réservés avec l'étranger. Cependant, tous n'ont pas cette réserve lorsqu'ils savent à qui ils ont affaire. Ainsi, nous avons rencontré dans un village un facteur, qui, reconnaissant en nous des Français, nous salua par un « Bonjour, messieurs ».

Surpris de voir un fonctionnaire à grande casquette nous saluer le premier dans notre langue, nous lui demandons s'il n'était pas Prussien.

— Prussien par là, répondit l'homme en montrant sa casquette ; mais Français là, ajouta-t-il en se frappant la poitrine avec un geste superbe.

C'était un Alsacien. Il n'avait pas, du reste, cette raideur et ce boursouflement qui sont comme la marque de fabrique des Belles-Casquettes.

Il resterait encore une foule d'observations à noter sur le pays des Belles-Casquelles ; je pourrais vous parler du peigne que chaque Belle-Casquette a dans sa poche pour rétablir de temps en temps l'harmonie de sa chevelure; vous signaler la profusion de boutons d'une dimension étonnante, qui s'étalent sur l'uniforme de certains d'entre eux; je pourrais révéler que, dans le pays des Belles-Casquettes, il est défendu aux voituriers de se servir de sabot pour enrayer leurs voitures en descendant les côtes, parce que cela use les routes. Je préfère vous dire que, fatigués de respirer une atmosphère de baragouinage allemand, et d'avoir les oreilles remplies de *ia ia, zô zô, apoteck, belle gââsquett'*, et autres élégances tudesques, nous nous hâtons de rejoindre le chemin de fer qui doit nous ramener sur la terre de France.

Cependant, avant de quitter le pays des Belles-Casquettes, un dernier conseil au lecteur. Si vous passez par Alt-Münsterol, je vous recommande une Belle-

Casquette, fonctionnaire du chemin de fer, ornée d'une paire de lunettes jaunes, d'un gros abdomen et d'une figure de chanoine. Il y a un train de plaisir circulaire autour de son ventre ; — départ après déjeuner, retour pour le repas du soir.

Enfin, nous voici à Mulhouse. Après une station de quelques minutes dans la salle d'attente, nous entendons une Belle-Casquette de l'administration beugler aux voyageurs les noms des gares principales vers lesquelles le train va se diriger : *Apoteck ! Metternich ! Dreck ! Belle-Gââsquett' ! Pucepique ! Spatziren ! Nach Belfort !*

C'était la dernière fois que nous entendions cette suave langue allemande. Nous nous précipitons dans une voiture, et bientôt nous quittons le pays des Belles-Casquettes.

PARIS. — IMPRIMERIE CH. BLOT, RUE BLEUE, 7.

PARIS. — IMPRIMERIE CHARLES BLOT, RUE BLEUE, 7.

www.ingramcontent.com/pod-product-compliance
Lightning Source LLC
LaVergne TN
LVHW020507230826
846091LV00008BA/3376

* 9 7 8 2 0 1 3 6 2 8 9 0 7 *